Khalil Gibran
Wenn die Liebe dir winkt

Khalil Gibran

WENN DIE LIEBE DIR WINKT

Über Liebe, Ehe und Freundschaft

Herausgegeben von
Ursula Assaf-Nowak und Almut von Gladiß

Patmos

Die Texte in diesem Buch sind entnommen aus: Khalil Gibran, *Sämtliche Werke*, hrsg. von Ursula und Simon Yussuf Assaf, Düsseldorf, Patmos Verlag 2003.

Ursula Assaf-Nowak, promovierte Romanistin, Germanistin und Orientalistin, hat das Gesamtwerk Khalil Gibrans ins Deutsche übersetzt. Mit ihrem Mann, dem Dichter Simon Yussuf, lebt sie im Libanon.

Almut von Gladiß studierte Klassische Archäologie, Kunstgeschichte und Geschichte und wurde 1970 promoviert. Seit 1987 arbeitet sie am Museum für Islamische Kunst, Staatliche Museen zu Berlin und organisierte zahlreiche Ausstellungen.

Bibliografische Information der Deutschen Nationalbibliothek

Die Deutsche Nationalbibliothek verzeichnet diese Publikation in der Deutschen Nationalbibliografie; detaillierte bibliografische Daten sind im Internet über http://dnb.d-nb.de abrufbar.

© 2009 Patmos Verlag GmbH & Co. KG, Düsseldorf
Alle Rechte vorbehalten
Umschlaggestaltung: Norbert Blommel, MT-Vreden
Printed in Poland
ISBN 978-3-491-50725-8
www.patmos.de

INHALT

Vorwort   7

»Wenn die Liebe dir winkt«   9

»Die Liebe wird meine einzige Vertraute sein«   12

Von Liebe und Ewigkeit   15

Lied der Glückseligkeit   17

»Ich sah dich in meinen Träumen«   20

Die Liebenden   23

Ein Lächeln und eine Träne   27

Vom Reichtum der Liebe   31

Die Begegnung   33

Triumph der Liebe   37

Verliebte   41

Die bezaubernde Fee   45

Von der Ehe   49

Der Einsiedler und die Tiere   53

Von der Freundschaft   55

Nachwort   58

Bildnachweis   64

as ist es, das wir Liebe nennen? Erzählt mir, was dieses ver-
borgene Geheimnis ist, das sich sowohl hinter den sichtba-
ren Dingen als auch im Innern des Seins verbirgt!

Die Stürme, 556

VORWORT

»Wenn die Liebe dir winkt, so folge ihr!«

So heißt es im Buch *Der Prophet* von Khalil Gibran. Gibran selbst hat nach diesem Motto gelebt. Die erste Liebe galt seiner Mutter, die schon früh die Talente ihres Sohnes erkannte und förderte. »Kamilia war nicht nur meine Mutter; sie war auch meine Freundin. Mein Leben ist jetzt mit ihr begraben«, klagte er bei ihrem frühen Tod. Nach der Emigration der Familie in die USA verliebte sich der 15-Jährige in die Dichterin Josephine Peabody, durch die er einen Zugang zur englischsprachigen Literatur fand. Diese schwärmerische Liebe wurde abgelöst durch die Begegnung mit der zehn Jahre älteren Mary Haskel. Als mütterliche Freundin förderte sie ihn ein Leben lang moralisch und materiell. Ganz anders war die Liebe zu der libanesischen Dichterin May Ziadeh, die in Kairo lebte und dort einen literarischen Salon unterhielt. Bis zu seinem Tod tauschte Gibran mit seiner orientalischen Muse innige Liebesbriefe aus, ohne sie je zu sehen.

Alle Werke Gibrans besingen die Liebe. Das gilt besonders für den *Propheten*, von dem Mary Haskel sagt: »Es ist das Buch, das von allen am meisten Liebe atmet, denn du bist der Mensch, der am meisten liebte, während du schriebst.«

In diesem Buch werden die Texte des Christen Gibran durch Miniaturen islamischer Herkunft illustriert – ganz im Sinne Gibrans, der christliche und muslimische Vorfahren in seinem Stammbaum vereinte und bekannte: »Für mich existiert nur eine Religion. Ihre unterschiedlichen Wege sind wie sie Finger der liebenden Hand Gottes.«

Ursula Assaf-Nowak

Der Prinz vom Dekkan träumt von der Liebe
»Zur Mittagszeit zu ruhen und den Verzückungen der Liebe nachzusinnen«

»WENN DIE LIEBE DIR WINKT«

enn die Liebe dir winkt, so folge ihr, mögen ihre Wege auch hart und steil sein!

Und wenn dich ihre Flügel umfangen, so überlass dich ihr, mag auch das Schwert, das sie unter ihrem Gefieder verbirgt, dich verwunden.

Und wenn die Liebe zu dir spricht, so vertraue ihr, selbst wenn ihre Stimme deine Träume zerschlägt, wie der Nordwind den Garten verwüstet.

Denn wie die Liebe dich krönt, so wird sie dich auch kreuzigen, und wie sie dich entfaltet, so wird sie dich auch beschneiden.

Und wie sie sich zu deinen Höhen erhebt, um deine zartesten Zweige, die in der Sonne zittern, zu liebkosen, so steigt sie auch hinab zu deinen Wurzeln, die sich an den Erdboden klammern, um sie aufzurütteln.

Wie eine Korngarbe liest sie dich auf und drischt dich, um dich zu entblößen. Sie siebt dich, um dich von deiner Spreu zu befreien, sie zerreibt dich, bis du weiß wirst, und knetet dich, bis du geschmeidig bist.

Dann übergibt sie dich ihrem heiligen Feuer, damit du heiliges Brot wirst für Gottes heiliges Festmahl.

All dies wird die Liebe dir antun, damit du die Geheimnisse deines Herzens erkennst, und dank dieser Erfahrung ein Teil vom Herzen des Lebens wirst.

Doch wenn du in deiner Kleinherzigkeit nur der Liebe Lust und Frieden suchst, dann tust du besser daran, deine Blöße zu verhüllen und die Tenne der Liebe zu vertauschen mit der Welt ohne Jahreszeiten, wo du lachen wirst, aber nicht dein ganzes Lachen, und wo du weinen wirst, aber nicht all deine Tränen.

Liebe verschenkt nur sich selbst und nimmt nur von sich selbst.

Weder will sie besitzen, noch lässt sie sich besitzen, denn Liebe genügt der Liebe.

Und wenn du liebst, sag nicht: Gott ist in meinem Herzen. Sag vielmehr: Ich bin im Herzen Gottes.

Glaube nicht, dass du den Lauf der Liebe lenken kannst: Es ist die Liebe, die deinen Lauf lenkt, wenn sie dich für würdig hält.

Liebe hegt keinen anderen Wunsch, als sich zu erfüllen. Doch wenn du liebst und dennoch Wünsche hast, so seien es diese:

zu schmelzen und einem fließenden Bach zu gleichen, der sein Lied der Nacht singt;

den Schmerz zu großer Zärtlichkeit zu kennen, verwundet zu sein von deinem eigenen Verständnis der Liebe und freiwillig und freudig zu bluten;

beim Morgenrot mit frohem Herzen zu erwachen und Dank zu sagen für einen neuen Tag der Liebe;

zur Mittagszeit zu ruhen und den Verzückungen der Liebe nachzusinnen;

abends dankbar heimzukehren und einzuschlafen mit einem Gebet für die Geliebte im Herzen und auf den Lippen einen Lobgesang.

Der Prophet, 888-889

»DIE LIEBE WIRD MEINE EINZIGE VERTRAUTE SEIN«

ie Liebe wird meine einzige Vertraute sein: Ich werde ihr lauschen wie einer Hymne, ich werde sie schlürfen wie Wein und mich mit ihr bekleiden wie mit einem Gewand. Beim Morgenrot wird die Liebe mich aus meinem Schlaf wecken und mich hinaus in die Natur locken. Am Mittag wird sie mir einen schattigen Platz unter den Bäumen auswählen, wo ich zusammen mit den Vögeln vor der Hitze der Sonne Schutz suchen werde. Am Abend wird sie mit mir dem Sonnenuntergang beiwohnen. Wir werden dem Gesang lauschen, mit dem die Natur die Sonne verabschiedet, und sie wird mir die Geister der Stille zeigen, die im Raum schweben. In der Nacht wird sie mich in ihren Armen in den Schlaf wiegen, und ich werde von himmlischen Welten träumen, wo die Seelen der Liebenden und der Dichter wohnen.

Im Frühling werde ich Seite an Seite mit der Liebe in die Natur wandern. Singend werden wir Täler und Hügel durchstreifen und die Spuren des Lebens suchen, in denen Veilchen und Anemonen wachsen, und wir werden den Regen aus den Kelchen der Narzissen und Lilien trinken. Im Sommer werden die Liebe und ich uns auf gebündeltes Stroh betten, und wir werden mit Mond und Sternen wachen. Im Herbst werden die Liebe und ich die Weingärten aufsuchen. Wir werden die Weinreben betrachten, die ihr goldenes Gewand ablegen, und wir werden den Vögeln nachschauen, die zur Küste fliegen. Im Winter werden die Liebe und ich am Kamin sitzen, und wir werden uns die Zeit vertreiben mit Geschichten aus alten Zeiten.

Die Liebe wird mich bis ans Ende meines Lebens begleiten.

Gebrochene Flügel, 230-231

33. Princesse Mahométane se divertissant avec des feux d'artifice

Prinzessin und Haremsdamen begehen das Lichterfest
»Liebe ist die Quelle der Glückseligkeit und des Lichtes«

VON LIEBE UND EWIGKEIT

 iebe ist ein Wort des Lichtes, geschrieben von einer Hand des Lichtes, auf einer Seite des Lichtes. Wenn die Hand eines Mannes die Hand einer Frau berührt, berühren sie beide das Herz der Ewigkeit.

Sand und Schaum, 950

Die Ewigkeit bewahrt nur die Liebe, weil sie von gleicher Natur ist.

Eine Träne und ein Lächeln, 318

Liebe, die nicht immer wieder neu entsteht, stirbt ständig.

Sand und Schaum, 971

16

Ein Mädchen unter einem Weidenbaum
»In diesem Augenblick taucht hinter Weidenbäumen ein junges Mädchen auf«

LIED DER GLÜCKSELIGKEIT

Ich suche meinen Geliebten in der Natur
unter Bäumen am Ufer des Sees;
doch ich finde ihn nicht,
denn die Materie hat ihn verführt
und lockte ihn in die Stadt,
wo Gedränge und Korruption herrschen.

Ich suche ihn in den Hallen des Wissens
und in den Tempeln der Weisheit,
aber ich finde ihn nicht,
denn die Materie lockte ihn
in die Festung der Selbstsucht,
wo die Menschen beschäftigt sind
mit nichtigen Dingen.

Auf den Feldern der Zufriedenheit
suche ich ihn,
doch ich finde ihn nicht,
denn meine Widersacherin
hält ihn gefesselt
in den Höhlen der Begierde.

Ich rufe ihn in der Morgendämmerung,
wenn der Orient lächelt,
aber er hört mich nicht,
denn die Freude am Besitz
lenkt ihn ab.
Wenn abends Schweigen herrscht
und die Blumen schlafen,
streichle ich ihn zärtlich,
doch er beachtet mich kaum,
denn sein Geist plant schon
die Unternehmungen von morgen.

Mein Geliebter liebt mich
und sucht mich in seinen Werken,
doch er wird mich nur finden
in den Gaben Gottes.

Er sucht unsere Vereinigung
in den Palästen der Ehre,
errichtet auf den Schultern
der Schwachen,
zwischen Gold und Silber.
Ich aber begegne ihm nur
im Haus der Einfachheit,
das die Götter erbauten
an den Ufern des Flusses
der Liebe.

Eine Träne und ein Lächeln, 442-443

»ICH SAH DICH IN MEINEN TRÄUMEN«

In diesem Augenblick tauchte hinter Weidenbäumen ein junges Mädchen auf. Sie hob die Schleppe ihres Gewandes, während sie über das Gras schritt und blieb neben einem schlafenden Jüngling stehen. Sie legte ihre seidenzarte Hand auf seinen Kopf. Da schaute der Jüngling empor mit dem Blick eines Schläfers, den ein Sonnenstrahl geweckt hatte.

Er sah die Emirstochter neben sich stehen und fiel auf seine Knie, wie es Moses tat, als er den brennenden Dornbusch erblickte. Doch als er sprechen wollte, vermochte er kein Wort zu sagen; aber seine tränenfeuchten Augen ersetzten die Worte.

Da umarmte ihn das Mädchen und küsste seine Lippen, und von seinen Augen küsste sie die heißen Tränen. Mit einer Stimme, anmutiger als die Klänge einer Flöte, sprach sie: Ich sah dich in meinen Träumen, Geliebter! In meiner Einsamkeit

sah ich dein Antlitz vor mir. Du bist der Gefährte meiner Seele, den sie vermisst, und von dem sie getrennt lebt, seitdem sie zur Ankunft in diese Welt verurteilt wurde. Ich kam insgeheim zu dir, Geliebter, um dich zu treffen, und siehe, da, nun bist du in meinen Armen! Sei unbesorgt, Geliebter! Ich habe meinen Vater für immer verlassen, um dir an die entlegensten Enden dieser Welt zu folgen. Ich werde mit dir den Kelch des Lebens und des Todes trinken. Steh auf und lass uns von hier aufbrechen, Geliebter, weit weg von den Menschen! Im Schutz der Finsternis verließen die Liebenden den Ort, und sie fürchteten weder den Zorn des Emirs noch die Geister der Nacht.

Erde und Seele, 797

22

Ein Prinz trifft junge Mädchen am Brunnen
»Da sah er ein Mädchen hinter den Bäumen hervortreten,
das einen Tonkrug auf der Schulter trug«

DIE LIEBENDEN

li ging seinen Schafen voraus und schaute mit großen Augen in die heitere, sonnenbeschienene Landschaft. Am Bach setzte er sich auf eine Bank unter einer Weide, deren Zweige bis zum Wasser herunterhingen, als wollten sie sich an seinem köstlichen Nass laben. Die Schafe weideten, und der Morgentau glänzte auf ihrer weißen Wolle.

Ali fühlte sein Herz heftig klopfen und seine Seele erzittern. Wie ein Schläfer, den die Sonnenstrahlen geweckt hatten, schaute er sich nach allen Seiten um. Da sah er ein Mädchen hinter den Bäumen hervortreten, das einen Tonkrug auf der Schulter

trug. Langsam näherte sie sich dem Bach. Ihre bloßen Füße waren feucht vom Tau. Als sie den Bach erreicht hatte und sich hinabbeugte, um ihren Krug zu füllen, erblickte sie die Bank auf der gegenüberliegenden Seite, und ihre Augen begegneten den Blicken Alis. Sie stieß einen leichten Schrei aus, warf ihren Krug auf den Boden und wich einen Schritt zurück.

Minuten vergingen und ihre Sekunden waren wie Lichter, die den Weg zwischen ihren beiden Herzen erhellten. Sie schauten einander mit forschenden Blicken an, und beide fanden Wohlgefallen in den Augen ihres Gegenübers, und jeder vernahm die Seufzer des anderen mit dem Gespür der Liebe. In allen Sprachen des Geistes redeten sie miteinander, und als ein volles Einverständnis ihre beiden Seelen erfüllt hatte, überquerte Ali den Bach, von unsichtbaren Mächten angezogen.

Er näherte sich dem Mädchen, umarmte sie und küsste ihre Lippen, ihren Hals und ihre Augen. Sie bewegte sich nicht in seinen Armen, als ob die Süße der Zärtlichkeit sie ihres Willens beraubt hätte und die Sanftheit der Berührung ihr alle Kraft genommen hätte. Sie gab sich hin wie der Duft des Jasmin sich den Winden überlässt.

Wie ein Erschöpfter, der endlich Ruhe gefunden hat, legte sie ihren Kopf an seine Brust und seufzte tief. Ein Seufzer, der die Geburt des Glückes in einem gemarterten Herzen und die Bewegung des Lebens kundtut, das bisher in ihr geschlummert hatte und nun erwachte. Sie erhob ihren Kopf und nahm in seinen Augen den Blick eines schweigenden Mannes wahr, der die Sprache gering schätzt, die dem ge-

wöhnlichen Menschen zur Verständigung dient, den Blick von jemandem, der es nicht billigt, dass die Seele der Liebe in einem Käfig der Worte gefangen ist. Die beiden Liebenden schritten umschlungen unter den Weidenbäumen, und die Harmonie ihrer Bewegungen spiegelte ihre innere Übereinstimmung. Sie waren ein Ohr, das in der Stille den Eingebungen der Liebe lauschte, und ein Auge, das die Wunder des Glückes wahrnahm. Die Schafe folgten ihnen, sich an Blumen und Gras labend, und die Vögel flogen über ihnen her und erfüllten die Luft mit ihrem Gezwitscher.

Die Nymphen der Täler, 40-41

Haremsdamen auf der nächtlichen Seeterrasse
»Bald wirst du die Herrin dieser Fluren sein, die der silberne Mond bescheint«

EIN LÄCHELN UND EINE TRÄNE

ie Sonne raffte ihre Schleppe von den blühenden Gärten, und am Horizont erschien der Mond, der sie in silbernes Licht tauchte. Ich saß unter einem Baum und sah durch seine Zweige die Sterne leuchten, die wie verstreute Silbermünzen auf einem blauen Teppich aussahen. Von ferne hörte ich den Bach im Tale rauschen. Als die Vögel auf den Zweigen zu zwitschern aufhörten, die Blumen ihre Augenlider schlossen und tiefes Schweigen herrschte, da vernahm ich Schritte auf dem Rasen. Ich sah einen Jüngling und ein junges Mädchen näherkommen. Sie setzten sich unter einen blühenden Baum, und ich konnte sie beobachten, ohne von ihnen gesehen zu werden.

Ich hörte den Jüngling sagen: »Setz dich näher zu mir, meine Geliebte, und hör mir zu! Lächle mich an, denn dein Lächeln ist das Symbol unserer Zukunft. Freue dich,

denn die Tage sind uns freundlich gesonnen. Bald wirst du die Herrin dieser Fluren sein, die der silberne Mond bescheint. Du wirst die Herrin meines Schlosses sein, das alle Königschlösser an Reichtum übertrifft. Du wirst auf meinen Rossen ausreiten, und meine prächtigen Karossen werden dich zu Tanzplätzen und Vergnügungsstätten bringen. Lächle mich an, Geliebte, wie das Gold in meinen Schatztruhen! Blicke mich an gleich den Juwelen meines Vaters. Hör mir zu, meine Geliebte, denn ich möchte keine Geheimnisse vor dir haben: Vor uns liegt ein Jahr der Flitterwochen, ein Jahr, das wir an den Seen der Schweiz, in den Gärten Italiens, an den Schlössern des Nils und unter den Zedern des Libanon verbringen werden. Du wirst Prinzessinnen und andere hochgestellte Damen treffen, die dich um deinen Schmuck und deine Kleider beneiden werden. Alles das erhältst du von mir. Bist du damit zufrieden?«

Kurz darauf sah ich sie langsam weitergehen. Unter ihren Schritten zertraten sie die Blumen des Feldes mit ihren Füßen, so wie der Reiche das Herz des Armen zertritt. Während sie sich aus meinen Blicken entfernten, dachte ich über den Einfluss des Geldes auf die Liebe nach. Ich sagte mir, dass das Geld der Ursprung des Bösen im Menschen und dass die Liebe die Quelle der Glückseligkeit und des Lichtes ist.

Ich war noch in meinen Überlegungen vertieft, als ich zwei Gestalten bemerkte, die an mir vorübergingen und sich auf den Rasen setzten. Sie waren aus der Richtung der Felder gekommen, wo die Hütten der Bauern standen. Nach einer Weile ergriffenen Schweigens hörte ich den Jüngling unter Seufzen sagen: »Weine nicht, meine Geliebte, denn die Liebe, die uns die Augen geöffnet hat und uns zu ihren

28

Anhängern machte, wird uns die Gnade der Geduld und Ausdauer schenken. Halte
deine Tränen zurück und sei getrost, denn wir haben uns verbündet im Glauben
an die Liebe. Um dieser Liebe willen ertragen wir die Demütigung der Armut, die
Bitterkeit der Entbehrungen und die Qualen der Trennung. Ich werde kämpfen, bis
ich den Sieg davontrage und eine Beute erlange, die es wert ist, sie in deine Hände
zu legen, so dass wir leben können, ohne Not zu leiden. Meine Geliebte, die Liebe,
die Gott ist, empfängt unsere Seufzer und Tränen wie duftenden Weihrauch, und
sie wird uns dafür belohnen mit einem Schicksal, das wir verdienen. Ich muss gehen, bevor der Mond untergeht. Auf Wiedersehen, meine Geliebte!«

Dann hörte ich eine zarte Stimme, die zugleich die Leidenschaft der Liebe, die Bitterkeit der Trennung und die Stärke der Ausdauer enthält, sagen: »Auf Wiedersehen, mein Geliebter!«

Darauf trennten sich die beiden Liebenden, während ich unter den Zweigen des
Baumes verharrte, voller Mitleid mit ihnen sowie Verwunderung über die Geheimnisse unseres Seins. Ich betrachtete lange die schlafende Natur und sann über
sie nach. Und ich entdeckte in ihr etwas, das keine Grenzen und kein Ende hat,
etwas, das man nicht mit Geld kaufen kann, etwas, das weder die Tränen des
Herbstes noch die Trauer des Winters auszulöschen vermögen, etwas, das man an
den Seen der Schweiz und in den Gärten Italiens nicht findet. Ich entdeckte etwas,
das im Frühling geduldig ausharrt und im Sommer Frucht bringt: Ich entdeckte in
ihr die Liebe.

Eine Träne und ein Lächeln, 308-310

Dritter Gott:

»Liebe ist eine Nacht,
die sich vor heiliger Laube neigt,
sie ist ein Himmel,
verwandelt in eine Wiese
und seine Sterne,
verwandelt in Leuchtkäfer.
Es ist wahr,
dass wir die Höchsten sind,
die im Jenseits wohnen;
aber die Liebe
übersteigt unser Planen,
die Liebe schwingt sich
höher auf als unser Lied.«

Die Götter der Erde, 1175

VOM REICHTUM DER LIEBE

ie himmliche Liebe kennt keine Eifersucht, denn sie ist überreich. Sie fügt dem Körper keine Schmerzen zu, denn sie lebt im Geist und durch den Geist. Es ist eine tiefe Zuneigung, welche die Seele mit Heiterkeit erfüllt, ein Hunger nach Einklang und Harmonie, der sich des Herzens bemächtigt, ein Gefühl, das die Sehnsucht in unseren Herzen weckt, ohne sie zu beunruhigen. Sie lässt uns die Erde als Paradies erscheinen und das Leben als einen schönen Traum. Wenn ich morgens durch die Felder gehe, erblicke ich im Erwachen der Natur ein Symbol der Unsterblichkeit. Ich setze mich an die Küste des Meeres und höre die Wellen das Lied der Ewigkeit singen. Ich laufe durch die Straßen der Stadt und empfinde beim Anblick der geschäftigen Menschen Lebensglück und Lebensfülle.

Gebrochene Flügel, 222

Prinzessin mit Lotosblüte

»Wie vollkommen ist deine Schönheit, Tochter der Isis,
und wie groß ist meine Liebe zu dir«

DIE BEGEGNUNG

ls die Nacht ihr Werk vollendet hatte, das Gewand des Him-
mels mit den Juwelen der Sterne zu schmücken, stieg eine
Nymphe aus dem Tale des Nils auf. Sie setzte sich auf einen
Thron aus Wolken über dem Mittelmeer, den das Licht des Mondes silbern färbte.
Vor ihr schwebte ein Chor von Geistern, der sang: »Heilig, heilig, heilig, o Toch-
ter Ägyptens, die ganze Erde ist erfüllt von deiner Herrlichkeit!«

Und aus einer Wasserquelle im Zedernwald erschien die Gestalt eines Jünglings,
umgeben von Seraphinen. Er setzte sich neben die Nymphe auf den Thron, wäh-

rend die Geister vor ihnen schwebten und sangen: »Heilig, heilig, heilig, dem Jüngling aus dem Libanon! Sein Ruhm erfüllt alle Zeiten.«

Und als der Jüngling die Hand seiner Geliebten ergriff und ihr in die Augen sah, trugen der Wind und die Wellen ihr Zwiegespräch bis an die Enden der Welt:

»Wie vollkommen ist deine Schönheit, Tochter der Isis, und wie groß ist meine Liebe zu dir!«

»Es gibt keinen schöneren unter den Jünglingen, o Sohn Astartes, und wie groß ist mein Verlangen nach dir!«

»Meine Liebe zu dir ist gewaltig wie die Pyramiden, meine Geliebte, und die Jahrhunderte vermögen sie nicht auszulöschen.«

»Meine Liebe zu dir ist so erhaben wie die Zedern, Geliebter, und die Elemente können sie nicht besiegen.«

»Die Weisen der Völker kommen vom Sonnenaufgang und vom Sonnenuntergang, um von deiner Weisheit zu lernen, Geliebte!«

»Und die Mächtigen dieser Erde kommen aus allen Himmelsrichtungen, um vom Wein deiner Schönheit zu kosten, Geliebter!«

»Wahrlich, deine Handflächen sind eine Quelle reicher Schätze, welche die Speicher füllen!«

»Deine Arme sind Quellen kühlen Wassers, Geliebter, und dein Atem ist eine erfrischende Brise!«

»Wie schön ist deine Liebe, Geliebte, und wie süß ist die Hoffnung auf deine Ekstase!«

»Welch großzügiger Freund und welch vollkommener Gatte bist du, Geliebter! Wie herrlich sind deine Geschenke, wie kostbar deine Gaben!«

»Ich gab dir Samen, und sie wurden zu Blumen, Setzlinge, und sie wurden Bäume, denn du bist ein jungfräuliches Feld, Geliebte, auf dem Rosen und Lilien wachsen, Zedern und Zypressen.«

Eine Träne und ein Lächeln, 380-381

Die Hochzeit von Yusuf und Zuleikha
»Die Braut kommt aus dem Herzen der Morgenröte
und der Bräutigam aus dem Abendrot«

TRIUMPH DER LIEBE

ie Liebe triumphiert:
sei es das Weiß und Grün
der Liebe an einem See,
ihre stolze Pracht
in einer Burg
oder auf einem Balkon,
ihre Natürlichkeit
in einem Garten
oder inmitten der Wüste;
wo immer sie auftritt
ist die Liebe
unser Herr und Meister.

Sie ist nicht
ausschweifende Lust,
nicht Begierde des Fleisches,
kein Splitter des Verlangens,
im Widerstreit mit dem Ich,
auch kein Teil des Fleisches,
das gegen den Geist
zu Felde zieht.

Denn die Liebe
lehnt sich nicht auf.
Sie verlässt nur
die ausgetretenen Pfade
vergangener Geschicke
und tauscht sie aus
gegen den heiligen Hain,
um darin ihr Geheimnis
zu singen und zu tanzen
in alle Ewigkeit.

Liebe ist Jugend
in zerbrochenen Ketten,
sie ist Männlichkeit,
befreit von Lasten
und Lastern der Erde,
und Fraulichkeit, gewärmt
an heiliger Flamme,
die himmlisches Licht
ausstrahlt, das tiefer ist
als unser Himmel.

Liebe ist ein fernes Lächeln
aus den Falten des Geistes,
oder ein Sturmangriff,
der dich plötzlich weckt.
Sie ist eine neue Morgenröte
auf der Erde,
ein ferner, unerreichter Tag
in meinen Augen,
doch bereits angebrochen
in der Liebe größerem Herzen.

Brüder, meine Brüder,
die Braut kommt
aus dem Herzen der Morgenröte
und der Bräutigam aus dem Abendrot.
Es wird eine Hochzeit geben
im Tal,
einen Tag, zu schön,
ihn zu beschreiben.

Die Götter der Erde, 1178-1180

VERLIEBTE

Der erste Blick

Das ist die Minute zwischen der Ekstase des Lebens und seinem Erwachen, der erste Funken, der die Zellen des Geistes entzündet, der erste zauberhafte Ton, der auf der ersten Saite der Laute des menschlichen Herzens erklingt, der Augenblick, der dem geistigen Ohr die Kunde verflossener Zeiten zurückbringt und dem Blick die Mysterien der Nächte enthüllt; er gleicht dem Wirken des Geistes in dieser Welt und dem Geheimnis der Unsterblichkeit in der zukünftigen Welt. Er ist die Saat, die Astarte von oben aussät, damit Augen sie in die Felder der Herzen säen, wo die Liebe sie tränkt und der Geist sie zur Frucht heranreifen lässt. Der erste Blick der Geliebten gleicht dem Geist, der über den Fluten schwebte und aus ihnen Himmel und Erde erschuf. Der erste Blick der Geliebten gleicht dem Wort Gottes, wenn er sagt: »Sei!«

Der erste Kuss

Er ist der erste Schluck aus dem Glas, das die Götter am Paradiesfluss der Liebe füllten. Er ist die Grenze zwischen dem Zweifel, der das Herz betrübt, und der Gewissheit, die es beflügelt. Er ist der Beginn einer Hymne, das erste Kapitel aus dem Roman des neuen Menschen, das Verbindungsglied zwischen den Wundern der Vergangenheit und der Seligkeit der Zukunft, zwischen dem Schweigen der Gefühle und ihrem Lobgesang. Er gleicht der zarten Berührung der Brise, die mit ihren Fingerspitzen sanft über die Blütenblätter der Rose gleitet. Er ist der Beginn magischer Erschütterungen, welche die Geliebten aus der Welt der Fakten herausführen in die Welt der Phantasien und Träume. Und wenn der erste Blick der Saat gleicht, die die Göttin der Liebe ins Feld des menschlichen Herzens sät, so gleicht der erste Kuss der ersten Blüte am ersten Zweig des Lebensbaums.

Die Vereinigung

Nun beginnt die Liebe, des Lebens Prosa zu schreiben aus den Geheimnissen, welche die Tage singen und die Nächte psalmodieren. Die Sehnsucht hebt den Schleier von den Ungereimtheiten des Lebens und schafft aus den geringsten Anlässen zur Freude ein Glück, das nur vom Glück der Seele übertroffen wird, die ihrem Schöpfer begegnet … Die Vereinigung ist die Fusion zweier Gottheiten, um eine dritte zu schaffen. Sie ist die Verbindung zweier Kräfte, in der Liebe gestärkt, die einem Feind gegenübertreten müssen, der vom Hass geschwächt ist. Sie ist eine Mischung aus weißem und rotem Wein zu einem Getränk von der Farbe der Morgenröte. Sie ist das goldene Glied in einer Kette, deren erstes ein Blick und deren letztes Glied die Ewigkeit ist. Sie gleicht erfrischendem Regen, der vom Himmel auf die heilige Erde fällt, um ihre Kraft zu erneuern. Und wenn der erste Blick der Geliebten der Saat gleicht, welche die Göttin der Liebe ins Feld des Herzens streut, und der erste Kuss von ihren Lippen wie die erste Blüte am Zweig des Lebens ist, so gleicht die Vereinigung der ersten Frucht aus der ersten Blüte dieser Saat.

Eine Träne und ein Lächeln, 374-375

Haremsdame mit Flasche und Becher
»Wohin führst du mich, bezaubernde Fee?«

DIE BEZAUBERNDE FEE

ohin führst du mich, bezaubernde Fee?
Bis wann soll ich dir auf diesem unwegsamen Pfad folgen, der sich zwischen Felsen dahinschlängelt, unsere Schritte nach oben führend, und unsere Seelen in die Tiefen lenkend?

Ich hielt mich fest an deiner Schleppe und folgte dir wie ein Kind seiner Mutter folgt. Ich versuchte, meine Träume zu vergessen, indem ich gebannt auf deine Schönheit blickte. Ich stellte mich blind gegenüber dem Reigen der Geister, die um meinen Kopf kreisten, angezogen von der Kraft deines Körpers.

Halt eine Weile inne, damit ich dein Gesicht sehe! Schau mich an! Vielleicht entdecke ich in deinen Augen die Geheimnisse deiner Seele und erkenne in deinen Gesichtszügen, was dein Herz verbirgt.

Hör zu, bezaubernde Fee! Gestern war ich noch ein freier Vogel, der am Firmament schwebte und Flüsse und Bäche auf ihrem Weg begleitete. Ich setzte mich auf einen Zweig und betrachtete die Schlösser und Tempel in der Stadt der Wolken, deren Farben beim Abendrot leuchteten und beim Sonnenuntergang verlöschten. Ich war wie ein Gedanke, der sich einsam vom Osten zum Westen der Erde fortbewegte, erfreut über die Schönheiten und Gaben des Lebens und auf der Suche nach den Geheimnissen des Daseins. Heute aber, nachdem ich dich getroffen habe, bezaubernde Fee, und nachdem ich mich beim Küssen deiner Hand vergiftet habe, heute bin ich wie ein Gefangener, der seine Ketten hinter sich herzieht zu einem Ziel, das ich nicht kenne. Ich gleiche einem Betrunkenen, der immer mehr verlangt von dem Wein, der mich meines Willens beraubt hat.

Halt eine Weile inne, bezaubernde Fee, denn allmählich kehrt meine Kraft zurück. Ich habe die Ketten zerrissen, die meine Füße verletzten und das Glas zerbrochen, aus dem ich das süße Gift getrunken hatte. Was hast du mit mir vor? Welchen Weg sollen wir einschlagen?

Ich habe meine Freiheit wiedergefunden. Akzeptierst du mich als freien Begleiter, der mit offenen Augen in die Sonne blickt und mit Fingern, die nicht zittern, das Feuer berührt?

Ich habe meine Flügel wieder entfaltet. Bist du bereit, einen Jüngling zu begleiten, der die Tage damit zubringt, sich im Gebirge wie ein Adler emporzuschwingen und die Nächte einem Löwen gleich schlummernd in der Wüste zu verbringen?

Begnügst du dich mit der Liebe eines Mannes, dem Liebe Vertrauen bedeutet und nicht Beherrschung? Genügt dir die Zuwendung eines Herzens, das liebt, ohne sich zu unterwerfen, und das brennt, ohne sich zu verzehren?

Kannst du Gefallen finden an der Liebe einer Seele, die vor dem Sturm zittert, aber nicht zerbricht, und die mit dem Orkan rebelliert, aber sich nicht entwurzeln lässt?

Dann nimm diese Hand in deine schöne Hand, umarme mich mit deinen sanften Armen und küsse meinen Mund in einem langen, stummen Kuss!

Die Stürme, 563-565

جهانگیر پادشاه

61. Jehanguir avec Nour Jehan qui lui donne à boire

48

Kaiser Jahangir und seine Gattin Nur Jahan
»Lasst die Winde des Himmels zwischen euch tanzen!«

VON DER EHE

Wie ist es mit der Ehe, Meister?« fragte al-Mitra den Propheten.

Und er antwortete: »Zusammen seid ihr geboren, und für immer sollt ihr zusammen sein!

Bleibt vereint, wenn die weißen Flügel des Todes eure Tage zerstreuen; selbst im stillen Gedenken Gottes sollt ihr vereint sein.

Doch gebt einander Raum in eurem Zusammensein!

Lasst die Winde des Himmels zwischen euch tanzen!

Liebt einander, doch macht die Liebe nicht zur Fessel! Sie sei vielmehr eine wogende See zwischen den Ufern eurer Seelen.

Füllt einander den Becher, doch trinkt nicht aus dem gleichen Gefäß!

Teilt euer Brot miteinander, doch esst nicht vom selben Laib!

Singt und tanzt zusammen und seid fröhlich, doch wahrt eure Eigenständigkeit!

Seid wie die Saiten einer Laute, die einzeln stehen, auch wenn die gleiche Musik auf ihnen erklingt.

Verschenkt eure Herzen, doch gebt sie nicht einander in Verwahr, denn nur die Hand des Lebens kann eure Herzen bewahren.

Steht zusammen, doch nicht zu nahe beieinander, denn auch des Tempels Säulen stehen einzeln. Und weder Eiche noch Zypresse gedeihen im Schatten des anderen.«

Der Prophet, 890

Bist du ein Ehemann, der sich selber erlaubt, was er seiner Ehefrau verbietet; der ausgeht und sich vergnügt, während in seinem Gürtel der Schlüssel zu ihrem Gefängnis steckt; der isst, worauf er Appetit hat, bis er krank sein wird, während sie einsam vor einem leeren Tisch sitzt?

Oder bist du ein Begleiter, der nirgendwo hingeht, ohne die Hand seiner Begleiterin in seiner Hand zu halten, der nichts unternimmt, bevor sie ihre Meinung dazu geäußert hat, und der nicht erfolgreich ist, ohne dass sie Anteil hat an seiner Freude und Ehre?

Wenn du der Erste bist, so bist du übriggeblieben von längst erloschenen Volksstämmen, die noch in Höhlen wohnten und Tierhäute trugen. Wenn du aber der Zweite bist, bist du der Vorläufer einer Nation, die mit der Morgenröte voranschreitet zum Mittag der Gerechtigkeit und Klugheit.

Erde und Seele, 824

Wie töricht sind die Menschen, die glauben, dass die Liebe die Frucht eines langen Zusammenseins ist und aus ständiger Gemeinsamkeit hervorgeht. Die Liebe ist vielmehr eine Tochter des geistigen Einverständnisses. Und wenn dieses Einverständnis nicht in einem einzigen Augenblick entsteht, so wird es weder in Jahren noch in Jahrhunderten entstehen.

Gebrochene Flügel, 213

Ein Eremit mit einem Löwen
»Als er von der Liebe sprach, hob eine Leopardin ihren Kopf«

DER EINSIEDLER UND DIE TIERE

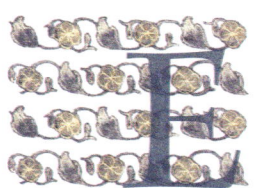s lebte einmal ein Einsiedler inmitten grüner Hügel. Er besaß einen reinen Geist und ein unschuldiges Herz. Alle Tiere der Erde und alle Vögel des Himmels kamen paarweise zu ihm, scharten sich um ihn herum und lauschten seinen Worten. Sie verharrten bei ihm, bis die Nacht kam. Dann erteilte er ihnen seinen Segen und überließ sie dem Wind und dem Wald.

Eines Abends, als er von der Liebe sprach, erhob eine Leopardin ihren Kopf und sagte zu dem Einsiedler: »Du sprichst zu uns von der Liebe – sag uns, wo deine Gefährtin ist!«

»Ich habe keine Gefährtin«, antwortete der Einsiedler.

Da erhob sich ein Schrei der Verwunderung in der Versammlung der Tiere, und sie sagten unter sich: »Wie kann er uns etwas von Liebe erzählen, wenn er nichts davon weiß?« Enttäuscht zogen sich die Tiere von ihm zurück und ließen ihn allein.

In dieser Nacht lag der Einsiedler auf seiner Matte mit dem Gesicht zur Erde. Und er weinte bitterlich und schlug sich mit seinen Händen an die Brust.

Der Wanderer, 1194

VON DER FREUNDSCHAFT

E in Jüngling bat: Sprich zu uns von der Freundschaft!

Und er sagte: Euer Freund ist die Antwort auf eure Be-dürfnisse.

Er ist das Feld, das ihr mit Liebe besät und auf dem ihr mit Dankbarkeit erntet.

Er ist euer Tisch und euer Herd. Ihr sucht euren Hunger an ihm zu stillen.

Wenn euer Freund offen mit euch redet, fürchtet weder das »Nein« eurer Mei-nung, noch haltet mit dem »Ja« zurück!

Und wenn er schweigt, möge euer Herz nicht aufhören, seinem Herzen zu lauschen.

Denn in der Freundschaft werden alle Gedanken, Wünsche und Erwartungen ohne Worte geboren und geteilt – und mit einer Freude, die keinen Beifall erheischt.

Und wenn ihr vom Freund scheidet, so trauert nicht. Denn was ihr am meisten an ihm schätzt, wird in seiner Abwesenheit klarer hervortreten, ebenso wie dem Bergsteiger der Berg von der Ebene aus deutlicher erscheint.

Und möge eure Freundschaft keinen anderen Zweck verfolgen als die Vertiefung des Geistes.

Denn die Liebe, die etwas anderes sucht als die Offenbarung ihres eigenen Mysteriums, ist keine Liebe, sondern ein ausgeworfenes Netz, mit dem man nur Unnützes und Wertloses einfängt.

Lasst eurem Freund nur das Beste zukommen!

Und wenn er die Ebbe eurer Gezeiten erfährt, so lasst ihn auch eure Flut erleben!

Denn was für ein Freund wäre er, suchtet ihr ihn auch nur auf, um Stunden totzuschlagen.
Sucht ihn vielmehr auf, um Stunden miteinander zu teilen!

Denn der Freund ist da, um euren Mangel zu beheben, und nicht, um eure Leere
zu füllen.

Und zur Süße der Freundschaft geselle sich das Lachen und geteilte Freuden!
    Denn im Tau der kleinen Dinge findet das Herz seinen Morgen und seine
Erquickung.

Der Prophet, 912-913

Ein in der islamischen Miniaturmalerei einmaliges Albumblatt aus dem späten 16. Jh. zeigt einen träumenden Prinzen: **Der Prinz vom Dekkan träumt von der Liebe** (S. 8). In der Passivität des Schlafes ließen sich weder die Helden noch die Herrscher der islamischen Welt darstellen, als kühne Machtmenschen oder kreative Macher waren sie stets auf dem Sprung zu neuen Taten. Es gehörte schon Mut dazu, ein solch abwegiges Bildthema auszufüllen – der junge Shah Ibrahim von Bijapur im südindischen Dekkan tat es mit erstaunlicher Souveränität. Der träumende Prinz bietet eine Projektionsfläche für Sehnsüchte aller Art – er ist jung, schön, ein Lebenskünstler. Einer der glücklichen Menschen, die im Schatten einer Platane unbeschwert eine Siesta halten können. Im Traum lässt er die Welt zurück, er wechselt in eine unwirkliche Sphäre, in der sich irdische und himmlische Liebe vermengen.

Shah Ibrahim begeisterte sich für Poesie und Musik, schmiedete Verse, spielte die Laute und baute aus den lokalen Malschulen ein Hofatelier auf. Die Maler honorierten das leidenschaftliche Engagement mit einer liebevollen Studie ihres Patrons: Im Schlaf wird der Prinz von seinen Vertrauten verwöhnt, einer verabreicht eine Fußmassage, ein anderer hält einen kühlen Trunk bereit, wieder ein anderer fächelt mit einem Schal frische Luft zu, während er das Machtsymbol des königlichen Schwertes in einem Stoffetui in königlichem Rot hält. Die friedliche Szene ist in eine paradiesische Landschaft gebettet mit Blick auf einen weißen Marmorpalast. Die Malerei aus Bijapur fand einige Zeit nach ihrer Vollendung Aufnahme in ein höfisches Album, wie die ausdrucksvolle Blumenmalerei des kostbaren Rahmens zeigt.

Einzelblätter unterschiedlicher Thematik wurden an den islamischen Höfen von Konstantinopel bis nach Delhi in Alben gesammelt. Die für Khalil Gibrans Dichtung ausgewählten Miniaturen stammen aus sieben Alben, die der Schweizer Major, später Colonel, Polier in Nordindien aus den Beständen der Höfe und auf dem Kunstmarkt erwarb. 1882 gelangten sie in die Königlich Preußischen Museen zu Berlin.

Die Moghuldynastie, die unter dem Timuridenprinzen Babur von Kabul aus ihre Herrschaft nach Nordindien ausgedehnt hatte und schon bald nach der Mitte des 16. Jh. ein Gebiet kontrollierte, das sich südlich des Himalaya bis nach Zentralindien und bis zu den portugiesischen Kolonien am Indischen Ozean erstreckte, etablierte sich als kulturelle Vormacht im Osten der islamischen Welt. Kaiser und Prinzen betätigten sich als Philosophen und Schriftsteller, als Kunstsammler und Mäzene von Kunst und Wissenschaften.

In ihren Residenzen unterhielten die Moghuln die größten Frauenpaläste der islamischen Welt, und viele Albumblätter beziehen sich auf die Liebe und das Leben im Harem. Unter den Malereien, die sich einer Zweierbeziehung widmen, übt das Albumblatt **Kaiser Jahangir und seine Gattin Nur Jahan** (S. 48) die größte Faszination aus. Zwischen den beiden bestand eine von gegenseitigem Respekt getragene Liebe, die jedem den Freiraum für seine Vorlieben ließ. »Liebt einander, doch macht die Liebe nicht zur Fessel« (Khalil Gibran). Der Maler kommentierte die ungewöhnliche Liebe, indem er über dem Paar einen Baldachin spannte, der von Engeln getragen wird. Der Kaiser war bereits Anfang Vierzig, als er die attraktive und kluge Frau persischer Herkunft entdeckte, die es sich zur Aufgabe machte, seinen Alkohol- und Drogenkonsum auf ein erträgliches Maß zu reduzieren. Das Albumblatt geht diskret auf die Entwöhnungskur ein. Nur Jahan hält ihrem Gatten ein kleines Tablett entgegen, damit er seine Trinkschale abstellen kann, die so winzig ist, dass sie aus der Weinflasche in ihrer Hand nur schluckweise nachgefüllt werden kann. Der durch den herrschaftlichen Nimbus ausgezeichnete Kaiser erscheint im Yoga-Sitz mit einem dem Dhoti der Hindus ähnelnden Lendentuch. Die nackte Brust ist mit Ketten aus Perlen und Edelsteinen überladen. Nur Jahan trägt das leichte Gewand der Moghuldamen und reichlich Schmuck. Die Kostbarkeiten repräsentierten Glanz und Glamour des reichsten Herrscherhauses der damaligen islamischen Welt.

Die Malerei widmete sich den Frauen seit dem 17. Jh. Das Albumblatt **Haremsdamen auf der nächtlichen Seeterrasse** (S. 26) führt in einen fürstlichen Harem, der in einem zeitgenössischen Rahmen mit zarten Blumen- und Vogelmotiven, unter ihnen der Wiedehopf der Gottsucher, präsentiert wird. Tatsächlich hat die Szene mit dem hellen Vollmond, der sich in einem stillen Gewässer spiegelt, eine mystische Dimension. Die Frauen sind in sich versunken. Unter einer roten Stoffmarquise sitzt die Herrin des Harems, vor sich eine

Dose mit Betelnüssen, deren stimulierende Wirkung geschätzt wurde. Das lange schwarze Haar ist durch einen durchsichtigen Schleier halb bedeckt, das knappe Oberteil lässt die Haut durchschimmern. Der reiche Schmuck umfasst auch ein Stirnmedaillon, wie es von den Hindu-Damen getragen wurde. Die auf dem Terrassenboden sitzenden Gefährtinnen unterscheiden sich in Gestik und Ausdruck. Hinter ihnen erscheint ein junger Eunuch, der den Zugang zur Terrasse überwacht. Das Leben am Hofe bot durch die Familienfeste und durch die feststehenden Feiertage des Jahreskalenders Abwechslung. Das Lichterfest Shab-i Barat war den Frauen gewidmet. Die Palastterrassen, die Gärten, die Flussufer, selbst das Wasser erstrahlten in den aufflackernden Lichtreflexen des Feuerwerks. Wie das Albumblatt **Prinzessin und Haremsdamen begehen das Lichterfest** (S. 14) zeigt, beteiligten sich die Haremsdamen mit ihren Wunderkerzen, die sitzende Prinzessin mit einem Schwall goldener Sternchen und die stehende Gefährtin ihr gegenüber mit einem Goldregen, der sich mit der Fontäne eines Springbrunnens vermischt. Es hieß, dass die Wünsche dieser geheimnisvollen Vollmondnacht in Erfüllung gehen würden. Hinter den schönen Gesichtern lauerte die romantische Vorstellung von der Liebe, »die die eigentliche Quelle des Lichtes ist« (Khalil Gibran), vielleicht von einem Leben an der Seite eines Prinzen, das die Aussicht auf ein Stück mehr Freiheit bieten würde, wenn auch die Lebensumstände weitgehend dieselben blieben.

Bei den höfischen Hochzeiten waren die Schönheiten des Harems am Vorabend der eigentlichen Eheschließung als einzige Frauen zugelassen, um die Runde der einflussreichen Männer mit Musik, Gesang und Tanz zu unterhalten. Die Miniaturmalerei **Die Hochzeit von Yusuf und Zuleikha** (S. 36) des persischen Meisters Aqa Riza bietet zum gleichen Anlass eine reine Männergesellschaft, denn die Geschlechter feierten in der traditionellen islamischen Gesellschaft getrennt. Das Bild ist eigentlich eine Illustration für den Liebesroman *Yusuf und Zuleikha*, mit dem der persische Dichters Jami (gest. 1492) ein altes biblisches Thema aufgreift. Das Albumblatt zeigt den Ehekandidaten Yusuf, der als biblische Figur und verehrungswürdiger Vorgänger des Propheten Muhammad durch einen Flammennimbus ausgezeichnet ist, als Mittelpunkt einer Versammlung gewichtiger Persönlichkeiten, hinter denen Jünglinge mit Geschenken erscheinen. Diener reichen das traditionelle Hochzeitsgebäck.

Der Vorabend der Hochzeit war ein seltenes Thema der Miniaturmalerei. Interessanter war den Malern und ihren Mäzenen das Sujet der Liebe auf den ersten Blick, »der erste Funken, der die Zellen des Geistes entzündete« (Khalil Gibran), der unvergessliche Augenblick, der die Weichen des Schicksals stellte. Das anrührende Liebesdrama des persischen Genies Nizami (gest. 1203) etwa erzählt von der armenischen Königstochter Shirin, die beim Anblick eines Porträts des persischen Prinzen Khusrau eine spontane Liebe erfasst. Der Prinz stößt während eines Jagdausflugs auf die in einem Bach badende Prinzessin und erliegt ihrer Anziehungskraft. Beide haben, jeder für sich, wechselvolle Jahre vor sich, in denen die angestrebte Hochzeit wegen unvorhersehbarer Ereignisse immer wieder hinausgeschoben wird. Schließlich folgt eine kurze Zeit der Gemeinsamkeit, bis sie auf tragische Weise sterben. »Wie töricht sind die Menschen, die glauben, dass die Liebe die Frucht eines langen Zusammenseins ist und aus ständiger Gemeinsamkeit hervorgeht« (Khalil Gibran).

An die Stelle der bewegenden Frauenschicksale der klassischen Dichtung, die die Phantasie der Maler zu variantenreichen Bildern inspiriert hatten, traten die realen Schönheiten der indischen Frauenpaläste. Die Hofmaler wurden von den Frauen in der Regel fern gehalten, und – wie die Dichter zu allen Zeiten ihre Hymnen an eine irreale oder verklärte Geliebte richteten – entwarfen sie Idealbilder der schönen Unbekannten.

Das Albumblatt **Haremsdame mit Flasche und Becher** (S. 44) zeigt eine sanfte Schönheit mit langem, von einer Goldbordüre gesäumten Schleier aus transparentem Gewebe. Er fällt vom Hinterkopf über den Rücken, wird über eine Schulter vorn über die Brust geführt und über die andere Schulter geworfen, wobei das Ende über dem leichten langen Rock Falten wirft. Die Frau trägt erlesenen Perlenschmuck und in den Händen eine Weinflasche und einen Becher mit feiner Bemalung – eine Anspielung auf den Alkoholkonsum, der das Haremsleben erträglich machte. Auf der Standfläche verbreiten ein paar Blumen Frühlingsstimmung und auf dem zeitgenössischen Rahmen entfaltet sich eine feine Rankenmalerei mit eleganten Kelchblüten, die dem Frauenporträt eine angemessene Fassung gibt.

Ein weiteres Albumblatt **Prinzessin mit Lotosblüte** (S. 32) zeigt eine junge Frau, die mit der ausladenden Federagraffe am Diadem ein Würdezeichen trägt. Sie spielt mit einer langstieligen Lotosblüte, dem Symbol ewiger Jugend und beständiger Fruchtbarkeit. Sie ist

eine selbstbewusste kühle Schönheit mit überaus kostbarem Schmuck, wie die in großer Zahl integrierten Edelsteine nahelegen. Über den zusammengenommenen Haaren trägt sie keinen Schleier, dazu eine mutige figurbetonte Mode, die wenig verhüllt und viel offenbart. Das bauchfreie Oberteil liegt wie ein Hauch über den runden Brüsten, der durchsichtige Stufenrock schwebt über engen geblümten Hosen. Die raffinierte Fransenstola, die die Farbe des Lotos aufnimmt, fällt über eine Schulter und über den Rücken, um schließlich auf der Vorderseite die geblümte Gürtelschärpe zu ergänzen.

Der in Indien tief verwurzelte Gedanke der Einheit von Mensch und Natur wird durch ein Albumblatt veranschaulicht, das **Ein Mädchen unter einem Weidenbaum** (S. 16) zeigt. Die Gestalt führt eine leichte Drehung aus, um die Zweige mit ihren Händen zu umfassen. Der großzügige Schleier aus durchsichtigem Stoff mit goldenen Tupfen ist über die Brust gezogen, ohne sie wirklich zu verdecken. Das eine Ende bildet am Hinterkopf einen eleganten Faltenwurf, während das andere in Kniehöhe den langen transparenten Rock umspielt. Die Schöne trägt den üblichen höfischen Schmuck, der sogar Perlbänder an den Fesseln umfasst. Mit dem filigranen Blätterdach und dem Baumstamm als Achse der Komposition bietet sich ein Bild vollendeter Harmonie, ein Sinnbild der symbiotischen Beziehung zwischen Mensch und Vegetation.

Doch nicht die Weide sondern der immergrüne Mangobaum war das Wahrzeichen Indiens – so wie die immergrüne Zeder das Symbol des Libanon ist. Auf dem Albumblatt **Ein Prinz trifft junge Mädchen am Brunnen** (S. 22) überragt die volle Baumkrone einen Brunnen. Die jungen Frauen, die mit bauchigen Gefäßen zum Wasserholen gekommen sind, wenden sich neugierig einem Prinzen auf einem feurigen Hengst zu. Eines der Mädchen bietet ihm einen Schluck frischen Wassers aus einer Schnabelkanne an. Die Schöne und der Prinz blicken sich tief in die Augen, ein erfrischender Trank, von einer Jungfrau gereicht, ist wie ein Lebenselixier, das die Sinne stimuliert, das von Küssen und Zärtlichkeiten träumen lasst. Und das Mädchen hört den Prinzen vielleicht sagen: »Du wirst die Herrin meines Schlosses sein, das alle Königsschlösser an Reichtum übertrifft« (Khalil Gibran). Das Traumbild ist perfekt.

Die Naturschönheiten Indiens verleihen zahlreichen Miniaturen eine besondere Ausstrahlung, die bei den Eremitenbildern in eine oft magische Anziehungskraft mündet.

Das Albumblatt **Ein Eremit mit einem Löwen** (S. 52) zeigt eine Märchenlandschaft mit spärlich bewachsenen Felsklippen im Hintergrund und einem Seerosenteich mit den teller-artigen Schwimmblättern und den langstieligen Sternblüten des Lotos, den einige Wasser-vögel am Ufer bevölkern. Unter einem Mangobaum mit zwitschernden Vögeln sitzt einer der gelegentlich dargestellten Löwenheiligen, die sich durch hypnotische Fähigkeiten aus-zeichneten und aus den wilden Bestien sanfte und folgsame Lebenspartner gemacht hatten. Sie wurden als Wundertäter und Wunderheiler verehrt. In ihrer Gedankenwelt war das Ges-tern und Morgen so eng verknüpft, dass sie auch zu wissen schienen, was die Zukunft brin-gen könnte. Sie lebten nicht für sich und ihre Rituale, sondern beherzigten die alten Leh-ren vom selbstlosen Handeln, die in der philosophischen Tradition des Hinduismus standen. Der nach Hindu-Art nur in ein Lendentuch gehüllte spindeldürre Asket besitzt die spiritu-elle Aura eines entrückten Weisen, der – frei von Bedürfnissen und Begierden – die Welt durchschaut und sowohl geistliche Führung als auch praktische, freundschaftliche Lebenshilfe zu geben weiß. In der Einsamkeit wird der Asket von einer an der hohen Haube kenntlichen Prinzessin aufgesucht. Ihre Dienerinnen bringen Essen, denn die Ere-miten lebten oft nur von Wasser und verließen sich auf die Fürsorge der Besucher.

Auch Machthaber wie die Kaiser Akbar, Jahangir und Shah Jahan gerieten in den Bann der heiligen Männer und suchten ihren Rat. Der Gedankenaustausch mit den Ere-miten stärkte die Eigenschaften Weisheit und Gerechtigkeit, die für die politische Führung qualifizierten. Er förderte die Träume von einer liberalen Gesellschaft, in der die Wahl zwi-schen der mystischen Frömmigkeit, die von Hindu-Asketen und Sufis der großen islami-schen Orden vertreten wurde, und den großen Religionen jedem Einzelnen überlassen sein würde. Der dritte Moghulkaiser Akbar (1556–1605) hatte einst den Dialog mit den Repräsentanten des Islam, des Hinduismus, des Christentums und der Mystik eröffnet, der den respektvollen Umgang der Glaubensgemeinschaften miteinander förderte. Es war ei-ne Zeit des Aufbruchs, die der Malerei viele neue Themen bescherte – Religion und Spiri-tualität, Selbstverwirklichung und Toleranz, Schönheit und Erotik – Themen, die so zeit-los sind, dass sie im Orient bis in die Gegenwart aktuell bleiben.

Almut von Gladiß

BILDNACHWEIS

Die abgebildeten Albumblätter stammen aus dem Museum für Islamische Kunst, Staatliche Museen zu Berlin Preußischer Kulturbesitz.

S. 8: *Der Prinz vom Dekkan träumt von der Liebe*, Dekkanindien, Ende 16. Jh., Deckfarbenmalerei und Gold auf Papier, 20,5 × 14,2 cm/Moghulrahmen 40 × 28 cm, Inv.-Nr. I. 4595 fol. 36; · S. 14: *Prinzessin und Haremsdamen begehen das Lichterfest*, Moghulindien, Ende 17./Anfang 18. Jh., Deckfarbenmalerei und Gold auf Papier, 22 × 16,9 cm/Moghulrahmen 42,5 × 28,5 cm, Inv.-Nr. I. 4593 fol. 24; · S. 16: *Ein Mädchen unter einem Weidenbaum*, Moghulindien, zweite Hälfte 17. Jh., Deckfarbenmalerei und Gold auf Papier, 16,2 × 9,9 cm/Moghulrahmen 41,5 × 28,5, Inv.-Nr. I. 4594 fol. 23; · S. 22: *Ein Prinz trifft junge Mädchen am Brunnen*, Moghulindien, erste Hälfte 18. Jh., Deckfarbenmalerei und Gold auf Papier, 27,7 × 17,7 cm/Moghulrahmen 40,5 × 28 cm, Inv.-Nr. I. 4599 fol. 9; · S. 26: *Haremsdamen auf der nächtlichen Seeterrasse*, Moghulindien, Mitte 17. Jh., Deckfarbenmalerei und Gold auf Papier, 26,2 × 16,8 cm/Moghulrahmen 40,5 × 28,5 cm, Inv.-Nr. I. 4598 fol. 29; · S. 32: *Prinzessin mit Lotosblüte*, Moghulindien, frühes 17. Jh., Deckfarbenmalerei und Gold auf Papier, 19 × 9,6 cm/Moghulrahmen 40 × 28,5 cm, Inv.-Nr. I. 4597 fol. 2; · S. 36: *Die Hochzeit von Yusuf und Zuleikha*, Moghulindien, Ende 16. Jh.; Deckfarbenmalerei und Gold auf Papier, 27,7 × 18 cm/Moghulrahmen 50 × 36,5 cm, Inv.-Nr. I. 4596 fol. 19; · S. 44: *Haremsdame mit Flasche und Becher*, Moghulindien, frühes 17. Jh., Deckfarbenmalerei und Gold auf Papier, 16,7 × 10,7 cm/Moghulrahmen 40,5 × 28,5 cm, Inv.-Nr. I. 4598 fol. 3; · S. 48: *Kaiser Jahangir (1605–1627) und seine Gattin Nur Jahan*, Moghulindien, um 1620, Deckfarbenmalerei und Gold auf Papier, 25 × 15,5 cm/Moghulrahmen 42,5 × 28,5 cm, Inv.-Nr. I. 4593 fol. 46; · S. 52: *Ein Eremit mit einem Löwen*, Moghulindien, erste Hälfte 18. Jh., Deckfarbenmalerei und Gold auf Papier, 22,7 × 15,1 cm/Moghulrahmen 40 × 28 cm, Inv.-Nr. I. 4597 fol. 37